A QUIEN VA DIRIGIDA ESTA GUIA

- Personas jóvenes, incluso niños con el asesoramiento de sus padres.
- Personas desempleadas.
- Amas de casa.
- Jubilados.
- Universitarios.
- Clase trabajadora.
- Especialistas.
- Vendedores
- Todo tipo de persona que quiera alcanzar sus grandes sueños y metas.

INTRODUCCION

En el mundo de las finanzas existen un sin fin de posibilidades para generar riqueza, las cosas no son tan simples como uno cree, se necesita un poco más que la actitud y el pensamiento positivo para salir adelante, que sirve mucho, pero siempre se necesita algo más; el gran esfuerzo de pongas y la dedicación labraran tu camino hacia la riqueza o pobreza, cuesta mucho trabajo llegar, y cuesta más mantenerse.

Puedo decirte que para lograr todo lo que te propongas necesitas prepararte mucho, puede que seas de esos tipos con suerte y que tengas el toque de midas a todo lo que da. Pero hay personas comunes y corrientes como un servidor, que les ha costado mucho construir su nicho de riqueza, no puedo decirte que soy alguien que no trabaja o cumple con sus obligaciones a diario, a pesar de que considero que ya tengo mi libertad financiera, me gusta ponerme mis retos de forma constante, al principio quieres llegar a este nivel y decir ya me retirare, pero cuando llegas lo único que quieres es superarte a ti mismo nuevamente, aunque ya resulta más fácil todo lo que haces, tu mentalidad cambia, la forma de entender es diferente.

Te presento una lista de herramientas que existen para empezar este camino; algunas no necesitaras más que tu teléfono e internet, otras un poco de inversión y en otras grandes cantidades, pero todo dependerá de tu forma de tomar el riesgo.

Recuerda todo tiene un precio, mientras más escales, y comprendas el ámbito financiero, mas oportunidades iras creando.

ENCUESTAS POR INTERNET

Las encuestas por internet normalmente las realizan empresas que utilizan la información obtenida para posteriormente promover sus productos (información de mercado), lo cual les ayuda a posicionar con más facilidad estos mismo.

- De las formas más simples de hacer dinero por internet, aunque las ganancias no te harán rico, si podrás ganar un dinero extra que te ayudara para algunas tareas de tu vida diaria.
- Son gratuitas, aunque algunas pueden ser de paga (de estas aléjate podrían tratarse de fraude)
- No requiere capital para invertir.
- Puedes hacerlas en cualquier lugar y horario.
- No necesitas más requisitos que una computadora o celular con internet, y paciencia.
- No requieres algún tipo de habilidad, solo responder honestamente cada pregunta.
- Existen varias páginas en internet, hay que concentrarnos en las que tengan mejores comentarios y datos de cumplen con sus pagos.
- Lo ideal es registrarte en varias páginas, para que te manden varias encuestas.
- Como recomendación al inscribirte mencionar que tu edad esta entre los 18-35 años, que eres casado o tienes pareja, que tienes hijos, con buen ingreso y cuentas con casa propia, así mismo trata de llenar todos tus datos en el registro, esto es vital para la distribución de las encuestas posteriormente.
- Las formas de pago van de dinero, transferencias en PayPal, tarjetas de descuento y cupones

PAGINAS RECOMENDADAS
TOLUNA
CENTRO DE OPINIÓN
GLOBAL TEST MARKET
BERUBY
MYSURVEY
COMPARAENCUESTASONLINE
OPINAYGANAHOY

ALQUILER VACACIONAL

- Esta modalidad de negocio se está haciendo muy popular debido a los pagos excesivos en algunos hoteles, consiste en la renta de una propiedad, habitación o área que sirva como estancia para alguna persona a un bajo precio, aunque la ganancia es variable, puede ser una buena opción para empezar a tener un ingreso extra.
- No es necesario rentar una habitación o cuarto, hay anuncios hasta que rentar un sofá para pasar la noche, y se llega a rentar de forma efectiva.
- Es una buena opción de negocio.

PAGINAS RECOMENDADAS
AIRBNB
HOMEWAY
COUCHSURFING
ONEFINE STAY
FLIPKEY
WIMOU

VENTAS DE FOTOGRAFIA POR INTERNET

- Igualmente, una forma de generar ganancias que se está haciendo muy popular. Aunque no es tan fácil.
- Si eres una persona que viaja mucho puedes tomar varias fotografías y formar un buen portafolio.
- No necesitas ser profesional para iniciarte en este negocio.
- En este negocio, es importante implementar una buena estrategia de redes sociales.
- Proceso sencillo, te registras en tu página de elección y armas tu catálogo.
- El método es venderlas a bajo precio y en varias páginas.
- Temas que podrías considerar en tu portafolio: fotos de bebes, tatuajes, paisajes, urbano, alimentos, etc.

PAGINAS RECOMENDADAS
FOTOLIA
ADOBE STOCK
SHUTTERSTOCK

ISTOCKPHOTO
STOCKXPERT

CURSOS ONLINE (INFOPRODUCTOS)

- Igual es considerado una buena oportunidad para generar ingresos pasivos.
- Una de sus ventajas es que quien hace el curso solo trabaja una vez, quiere decir que el trabajo será al inicio, donde tienes que ir organizando la información de valor que quieres aportar, después de eso, solo tendrás que subirla a la plataforma y será todo. (obviamente tendrás que ir actualizando tu curso)
- Son gratuitos en casi todas las páginas.
- Recibes una comisión por curso vendido.
- Aunque lanzar un curso lleva tiempo, solo necesitas una computadora con internet, quizá una webcam si quieres agregar videos, y algo que quieras enseñar.
- Crear varios cursos para generar más ganancias (el marketing y promoción de tu curso depende de ti).

PAGINAS RECOMENDADAS
UDEMY
TUTELLUS
CURSOPEDIA
TAREASPLUS
YEIRA
APRENDUM
CLASSONLIVE

DROPSHIPPING

- Consiste en un método de ventas de productos minoristas por internet a través de tercero (proveedor) a tu cliente.
- No se cuenta con el producto físico ni se almacena ni se posee inventario.
- Fácilmente comenzar
- Amplia selección de productos.
- La ventaja es que no tienes que pagar por un local o instalaciones.
- Solo es necesario abrir una tienda online que puede ser relativamente barata o incluso gratis.
- Necesario utilizar las redes sociales para promocionar tu negocio.
- Cuando tu cliente realiza la compra en tu página, igualmente se manda una notificación a tu proveedor, quien mandara el producto.

- Ganas una comisión por producto vendido.
- Actúas como un intermediario

PROVEEDORES
EBAY
GARATTI
JUGUETRONICA
AQUIMASBARATO
LIDERPAPEL
BUYINCOINS
CHINAVASION

E-BOOK

- Gracias a internet hoy es más fácil publicar, lo que antes era casi imposible con las editoriales que ni siquiera se molestaban en ver tu historia.
- Solos necesitas algo que contar o enseñar.
- Es un mercado en donde existen miles de personas, no importa tu tema, encontraras quien te lo compre, pero claro también tienes que promocionarlo, dejar tu libro al tiempo lograra ventas, pero no las esperadas de forma inmediata.
- Te posiciona como experto, y puede abrirte las puertas para otras oportunidades.
- En Amazon obtienes un 70% de regalías lo cual es algo muy interesante.
- Trata de hacer múltiples publicaciones acorde a tu nicho de mercado que has elegido.

PAGINAS RECOMENDADAS
AMAZON
LULU
BUBOK
CLICKBANK
PAYHIP
KOBO
SMASHWORDS
MY EBOOK

GRABAR UN AUDIOLIBRO

- Puede que no sea la idea más recomendable, debido a que en algunos países es considerado ilegal, salvo que tu audiolibro sea original y tengas sus derechos.
- Es un sector en crecimiento.
- Bueno para las personas que quieran disfrutar de un libro en situaciones no aptas para la lectura. (ej. Al conducir).
- No es tarea fácil.
- Requiere experiencia, la lectura no debe ser monótona.

Página sugerida: AUDIOBOOKMAKER.

BLOG

- Aunque conlleva gran esfuerzo, si es posible llegar a tener ganancias a través de tu blog.
- Trabajo, tiempo y mucha paciencia son unas de las reglas que debes seguir.
- Así como el contenido que manejes, primero que nada, debe resolver problemas a tus lectores, que te sirva a ti para promocionar tus servicios, así como más herramientas importantes que debes agregar a tu blog para que empiece a generar dinero.
- Necesitas una buena estrategia para atraer clientes.
- Debes tener un nicho bien definido, no se recomienda poner varios temas en tu blog que no tengan que ver la una con la otra, siempre enfócate en un solo tema.
- Trata de generar contenidos útiles.
- Son varias las formas de ganar en tu blog, entre ellas podemos agregar la venta de productos, marketing de afiliación, publicidad, servicios, etc.

PRODUCTOS DIGITALES

- Similar a la sección del curso digital o ebook.
- Igual es considerado una buena herramienta para conseguir ingresos extra.
- Se trabaja arduamente una sola vez, se sube a internet y listo.
- Solo necesitas un poco de creatividad, y hacer material de valor.
- Su venta como lo dice es exclusiva de internet.
- Debes estudiar a fondo el tema que elegirás.

- ## ALGUNOS PRODUCTOS DIGITALES MAS COMUNES:

- **PODCAST**
- **WEBINAR**
- **SOFTWARE**
- **WORKSHOP**
- **EBOOKS**
- **CURSOS ONLINE**

HACER UNA GUIA ONLINE

- Igual considerada como un producto digital, solo que el proceso y la complejidad de la realización es más simple.
- Obviamente se debe aportar información de valor.
- Este tipo de productos normalmente consiste en explicar de forma clara y precisa el funcionamiento de algún producto o sistema.
- Puedes agregar en tu guía videos, imágenes o notas de voz.
- Existen plantillas prediseñadas en internet que pueden ayudarte con tu guía.

PAGINAS QUE PUEDES UTILIZAR
CANVA
EDITAFACIL
FLIPSNACK

LEER EMAILS PUBLICITARIOS (PAID TO READ)

- Como su nombre lo dice, lo único que debes hacer es leer mails.
- No es algo donde obtengas mucho dinero, pero vale la pena que lo integres como herramienta en tu proceso de ganancias.
- Son gratuitas, aunque algunas son a base de aceptar ciertas condiciones para recibir una remuneración.
- Normalmente son enviados por empresas publicitarias.
- Son bastantes simples, solo tienes que abrir la página que se te indica y listo, no tienes que leer su contenido.
- La recomendación igualmente es que crees un mail especial para esto, si ocupas tu mail personal solo lo vas a saturar.

PAGINAS RECOMENDADAS
CLICKXTI
CONSUPERMISO
DONKEYMAILS
ESFACIL
NAVEMAIL
BIENPAGADO

VER ANUNCIOS PUBLICITARIOS

- Algunas empresas te pagan por ver anuncios.
- Aunque es poco lo que te dan es otra herramienta que puedes agregar.
- No se requiere nada más que dar clics.

PAGINAS SUGERIDAS
NEOBUX
EASYHITS4U
SCARLET-CLICKS
HEEDYOU

JUGANDO GRATIS POR INTERNET

- Una buena opción para aquellos que les gusta pasar horas jugando.
- Puedes ganar premios y regalos, no solamente dinero.
- Las partidas son limitadas por día, pero cada día nos dan créditos extra para continuar jugando.
- Eso sí prepárate a ver mucha publicidad que es lo principal de este tipo de páginas.

PAGINAS SUGERIDAS
MARKETGLORY
PLAYFULBET
SPORTSPLAY
BETSIM
BANANATIC
BIGTIME
QUIZERS

HACIENDO EJERCICIO

- Parecerá extraño, pero si es posible, ya no tendrás excusas para tener una vida más saludable.
- Hay páginas que te recompensaran incluso por dar pasos.
- Aunque en estas páginas si puedes perder dinero, y eso debido a que para poder ganar debes cumplir tu propósito inicial, por ejemplo, si tu propósito es perder 10 kilos en 2 meses y no lo logras pierdes la cantidad que has apostado, pero si lo logras ganas.
- Considero que esta es una muy buena opción. Muy recomendable.

PAGINAS SUGERIDAS
HEALTHY WAGE
BIETBET
PACT
SWEATCOIN
RUNTOPIA
GYMPACT

ESCUCHANDO MUSICA

- Por muy increíble que parezca es verdad, algunas páginas te pagan por escuchar música.
- Al igual si eres cantante o te gustaría serlo en algunas páginas puedes subir tu sencillo y que las personas te empiecen a escuchar y eso igual les generaría dinero tanto a ellos como a ti.
- Aunque algunos comentarios son negativos en este tipo de páginas, en otras si han demostrado que cumplen con sus estándares prometidos.

PAGINAS SUGERIDAS
RADIOLOYALTY
MUSICXRAY
SLICE THE PIE
GIFT HUNTER CLUB
BEATDEK

APLICACIONES PARA GANAR DINERO

- Son de gran ayuda para complemento de las demás herramientas.
- Igualmente son gratuitas
- Nunca pagues por descargar este tipo de aplicaciones (muy probablemente es un fraude)
- Consisten en juegos, ver videos, realizar tareas, etc…

PAGINAS SUGERIDAS
CASHPIRATE
SMARTMEAPP
APPKARMA
GIFTPANDA
BIGTIME
STRETBEES

CUIDADO DE NIÑOS

- Puede ser un negocio de inversión mínima o planear algo mas grande como una escuela (guardería), lo cual abarcaría otro tipo de requisitos más extensos.
- Lo pueden iniciar ama de casa, madres y jóvenes.
- Lo ideal es que tenga experiencia previa, o si te interesa este rubro contar con curso de preparación, lo cual puede ayudarte a que tus clientes tengan más confianza en ti.
- Puedes trabajar en casa.
- Lo indispensable de este negocio es la paciencia, tener un lugar en perfectas condiciones, higiénico, y seguro.
- En algunos lugares exigen tener una preparación en primeros auxilios y RCP.

ALGUNOS REQUISITOS INDISPENSABLES
TENER LICENCIA
CURSO DE CUIDADO DE NIÑOS
CERTIFICADO DE PRIMEROS AUXILIOS Y RCP
LUGAR LIMPIO Y CONDICIONES APROPIADA
CURSOS DE AUXILIAR DE GUARDERIA
ENTRE OTROS

COMIDA A DOMICILIO

- Excelente oportunidad de negocio, 1 de cada 10 personas no tiene tiempo de comer en casa.
- Un gran porcentaje de personas por lo menos pide comida a domicilio una vez por semana.
- Lo puedes implementar en tu casa, o en algún local hasta de pequeño tamaño.
- No inviertes en la construcción de un restaurante, y la opción de contratar empleados puede ser posterior a que tu negocio se acredite.
- Importante contar con una propuesta valor.

- Puedes ofrecer dietas personalizadas, a personas con sobrepeso, diabéticos, bebes, personas de la tercera edad, deportistas, vegetarianos.
- Segmentar tu mercado es importante.
- Buscar cómo distribuir tu servicio de forma eficiente y rápida.
- Ofrecer desayunos, comidas y cenas.

VENTA DE COMIDAS SALUDABLES

- Los alimentos son considerados de primera necesidad. Todos comemos, puedes sacar una gran ventaja en este tipo de negocio.
- La ubicación es recomendable en este tipo de negocios.
- Tratar de no estar alrededor de restaurantes que vendan comida chatarra, eso podría disminuir las ventas.
- Necesario diferenciar de los demás negocios.
- En este tipo de negocios los clientes se fijan mucho en tu producto, trata de que estén lo más fresco posible, y dales una buena presentación y una experiencia que haga que te recomienden.
- Igualmente trata de asesorarte con un experto en nutrición, esto te ayudara a disminuir los gastos también.

VENTA DE ALIMENTOS Y COMIDA CONGELADA

- Igualmente, la segmentación del mercado es importante, a quien va dirigido tu negocio.
- En este tipo de negocio es necesario analizar lo proceso de conservación y congelado de los alimentos.
- Informarte del equipo necesario que vas a utilizar (equipo industrial).
- En este negocio hay que tener nuestros principales proveedores, debido a que lo ideal es comprar al mayoreo.
- Qué tipo de alimentos y comidas piensas vender.
- Necesario asesorarte igualmente con un experto en nutrición.

PAGINAS SUGERIDAS
ALIMENTOS CONVENIENTES
WALTHO

DUMY
SEGMAN
SIMPLOT

VENDING

- Lo más importante de este negocio antes de tomar la decisión de comprar una máquina de este tipo es encontrar el lugar donde la vas a posicionar.

- En ocasiones se compra la máquina, pero no se tiene dónde colocarla y eso lo único que ocasiona es frustración y desanimo por el negocio.

- Existen máquinas de todo tipo, recientemente mencionaron una que repartía perritos vivos, considero que es algo original pero que al mismo tiempo no muy aceptable.

- Una vez que encuentres el lugar y el permiso, ya puedes conseguir tu maquina acorde a tu plan.

- Es excelente como ingreso pasivo.

- Como cualquier negocio, se necesita más de una máquina para considerar el ingreso pasivo adecuado, a mayor maquinas mayor ganancia.

- No toda las maquinas te darán lo mismo en ganancia, quizá unas te den más de lo esperado, otras mucho menos.

- Algo muy importante, es que tu maquina siempre debe tener un buen funcionamiento.

- Trata de colocarla en un buen lugar con seguridad, para evitar que alguien pueda vandalizar tu fuente de ingreso.

PAGINAS SUGERIDAS
COINCITY
ROCKETVENDING
DIASA
GRUPO BIZ
MACHINNECOFFEE

NEGOCIO DE LIMPIEZA

- Considerado negocio de necesidad básica.
- Este rubro de negocio puedes iniciarlo con poca inversión.
- Dependiendo tu objetivo tus principales clientes van de hogares, empresas, locales comerciales, etc. Dependiente igualmente el tipo de especialización que pretendas para tu negocio.
- Se recomiendan áreas de mayor especialización, así puedes diferenciarte de las demás empresas, pero igualmente puedes iniciar con lo básico.
- Lo importante de estos negocios es la calidad y generación de confianza, sobre todo por el cliente otorgara que pases a su residencia privada a que realices tu trabajo, y recibir quejas de daños o aparentes robos no vendrían bien a tu negocio.
- Importante escoger a tu personal.
- Dar un servicio y tarifas adecuadas.
- Igualmente definir qué zonas de limpieza te encargaras, pueden ser zonas interiores o exteriores o ambas.
- Revisar los requisitos legales para este tipo de negocios.
- Necesario seguro social para tus trabajadores y seguro de las maquinas que utilices.

ALGUNOS PROVEEDORES
PROLIMP
GUSTAMAR
NOBAK
IDONE
BRILLOSOS

LAVADO DE AUTOS A DOMICILIO

- Buena propuesta de negocio.
- Baja a moderada inversión.
- Puedes comenzarla solo o con algún asociado o en su defecto empleados.
- Recomendable ocupar productos especializados en la limpieza de autos (tratar de utilizar las mejores marcas).
- Necesaria una adecuada capacitación en la limpieza de autos, algunas partes del carro son más delicadas que otras, hay que saber qué tipo de productos ocupar en cada caso.

- Organizar horario de trabajo.
- Portar un uniforme adecuado y llamativo como recomendación.

ALGUNOS PROVEEDORES
AUTOZONE
SILVER LIMPIEZA
PULEX
AUTOPULITURA

VENTA DE PRODUCTOS DE LIMPIEZA

- Negocio bastante rentable.
- De necesidad básica, a diario se utilizan productos de limpieza
- Algo que puede beneficiarte en tu negocio es que tú mismo crees tus propios productos. (todo depende de tus mezclas, existe una extensa variedad de tutoriales que pueden ayudarte).
- Puedes vender al mayoreo, como clientes objetivos a empresas y restaurantes.
- Fomentar el uso de productos biodegradables.
- Podrías venderlos en tu casa o en algún local.
- No se necesita ser un experto, pero si capacitarte en algunas cuestiones del negocio.

PAGINAS SUGERIDAS
SILVERLIMPIEZA
BRILLOSOS
PRODUCTOSDELIMPIEZA
EL BUENGENIO
GRUPO GINEZ
GRUPO LA CENTRAL

ASEO DE MASCOTAS (ESTETICA VETERINARIA A DOMICILIO)

- Negocio de baja a moderada inversión.
- Dependiendo tu objetivo puede que necesites los servicios de un veterinario.

- Puedes incluir en tu servicio baño, corte de pelo si tienes experiencia, revisión clínica, desparasitación, vacunas, pensión, adiestramiento y venta de accesorio, los limites lo estableces tú mismo.
- Necesario un vehículo adaptado, el cual debe estar en perfectas condiciones, y un diseño llamativo que refleje profesionalismo.
- Calidad, higiene y buen trato a la mascota es lo que debes fomentar en tu servicio.
- Ocupa productos de alta calidad.

ALIMENTOS PARA MASCOTAS

- En este tipo de negocio hay que hacer una importante diferenciación y una muy buena propuesta de valor.
- Necesario establecer desde el principio tu tipo de cliente objetivo.
- Tener una buena ubicación tu negocio.
- Enfócate en una o dos especies animales, siendo las más comunes perros y gatos, tratar de abarcar muchas seria incrementar los gastos y quizá no tengas los resultados deseados.
- Ofrecer desde comida común hasta organizar una dieta saludable, platillos gourmet, incluso postres.
- Dietas antialérgicas, alimentos orgánicos, dieta acorde a la raza.
- Servicios adicionales que puedes ofrecer: valoración del estado de salud de la mascota, accesorios, productos varios.

ESTUDIO DE TATUAJES

- Siempre es considerado una moda.
- Muchas personas se hacen tatuajes a diario.
- No necesitas ser un artista, pero si conocer los aspectos del negocio.
- Puedes tomar tu curso de tatuador o asociarte con gente que ya lo tenga.
- Recuerda en este tipo de negocios la calidad y la limpieza son clave.
- Es indispensable conocer las normas de salud que solicitan en tu localidad.
- Buscar múltiples proveedores, investiga si son confiables.
- Necesario los permisos necesarios, como permiso de uso de suelo, permiso de salubridad, etc.
- Conocer las herramientas con las que se van a trabajar (máquina para tatuar, cable de alimentación, tintas, silla reclinable, entre otras)

CESTAS DE REGALO

- Debe de disponer de una gran variedad y diseño de cestas.
- Dirigido a múltiples áreas de negocio y empresas.
- Precio acorde al producto.
- Desde productos comunes hasta productos gourmet, incluso temáticas acordes al cliente.
- Envió de productos a diferentes destinos.
- Trata de ofrecer servicios complementarios.
- No hay límites de diseño ni conceptos.

ABRIR UN BAR DE ACTIVIDADES

- Aquí no me refiero al clásico bar que vende bebidas alcohólicas, que claro puedes incluirlo si tienes el permiso adecuado.
- Un bar de actividades puede ser de juegos, café, helados, y alguna propuesta de valor extra o actividades para tu cliente objetivo.
- Por ejemplo, podría agregar el servicio de corte de cabello, barba, masajes, video juegos, etc.
- Más que considerado un bar, puede ser considerado un lugar de esparcimiento, que fomente la relajación y convivencia.
- Este rubro depende los límites y la organización de quieras para tu negocio, dependiendo de eso será el costo a pagar, pero considero que es una buena propuesta de negocio.

RENTA DE INFLABLES

- El mercado infantil es una de las mejores oportunidades para iniciar un negocio.
- Es muy redituable.
- Baja inversión
- Indispensable tener un lugar donde guardar los inflables y como transportarlo.

- No necesariamente demanda mucho tiempo, puedes entre semana cumplir con tu jornada laboral y el fin de semana dedicarla a tu negocio.
- Importante implementar una buena estrategia de marketing y promocional.
- Como opción puedes tener unos para rentar y otros los puedes colocar en tu casa tienes el espacio adecuado y rentarlo a los niños de tu localidad por un bajo precio. Así nunca dejas de ganar.

ALGUNAS PAGINAS RECOMENDADAS
FIESTA INFLABLE
AZTECA INFLABLE
MUNDO INFLABLE

FOOD TRUCK

- Buena oportunidad de negocio.
- Una opción diferente para comercializar tu rubro gastronómico.
- Necesaria una moderada inversión dependiendo tu área gastronómica.
- La ventaja es que si en el lugar donde te ubicas inicialmente no funciona tu negocio te cambias de lugar.
- Sin necesidad de contratos, locales o adaptaciones del mismo, claro si necesitas permisos y placas para tu food truck.
- Desde un remolque equipado hasta un camión adaptado.
- Antes de iniciarte en este tipo de negocio, revisa bien las normativas de tu localidad, en algunas zonas está prohibido por cuestiones de salud.

CARRERA DE DRONES

- Excelente oportunidad de negocio.
- En algunas partes ya es considerado un deporte.
- Inversión baja a media, todo depende si lo que estas ofreciendo es la renta del espacio para las carreras únicamente, o ya empiezas a fabricar tus propios drones y rentarlos para que tus clientes realicen las carreras.
- Construcción de pistas con obstáculos.
- Necesaria tecnología LED.
- Se recomienda adaptar un sistema en primera persona, que hará la experiencia aún mejor.
- Investiga si en tu ciudad hay practicantes. Si no los hay puedes atraerlos.
- Es un negocio que difícilmente tendrás competencia.

- Revisa los múltiples tutoriales que existen en internet para construir drones, eso puede a la larga disminuir los costes.

SERVICIOS DE EMBALAJE

- Necesaria la adquisición de máquinas industriales.
- Asociarse con empresas desde el principio es lo ideal, tu maquina debe estar trabajando sin parar.
- Un buen embalaje conlleva al éxito de una empresa, aunque no lo parezca la forma de presentación de un producto por las características de su empaque de envió dicen mucho de su calidad.
- Antes el embalaje era poco importante, ahora es una pieza fundamental.
- Como opciones puedes concentrarte en empaques de regalos, empaques para restaurantes o para la cosecha de frutos y verduras, las opciones son varias.
- Necesaria tener un buen material, adecuada logística, valor comercial y transporte entre otras.
- Indispensable tener licencias comerciales.
- Buscar proveedores mayoristas de productos de embalaje.

CROWFUNDING

- Red de financiación colectiva
- Consiste a través de donaciones económicas se pueda financiar algún tipo de proyecto (construcción de hogares, edificios, etc.) a cambios de una recompensa.
- Normalmente se publica el proyecto, la cantidad solicitada para iniciarlo y el tiempo que estará la oferta disponible para hacer tu deposito.
- En algunos proyectos hay un mínimo de importe para poder entrar.
- Recomendable los proyectos de bienes raíces.
- Este tipo de proyectos te ofrecen una tasa de interés de ganancia alta que ningún banco te ofrece, obviamente con su respectivo riesgo.

PAGINAS SUGERIDAS
BRIQ
AFLUENTA
M2CROWD
RED GIRASOL

KUBO FINANCIERO
PITCH BULL
INVERSPOT
YOTEPRESTO
PRESTADERO
PLAY BUSINESS
DOOPLA

CETES

- Son bonos emitidos por el gobierno.
- Son seguros debido a que es el gobierno quien los emite.
- Generan un buen rendimiento (ampliamente recomendables)
- Riesgo casi nulo, para que pierdas tu inversión el gobierno tendría que estar en quiebra, en pocas palabras, todo el país.
- Tasa de interés más alta que la inflación, esto quiere decir que el dinero que inviertes no pierde valor, aunque es variable dependiendo de la inflación.
- Te permite comenzar desde $100.00
- La recomendación es que hagas la inversión por 28 días y lo programes para que esto se reinvierta en automático.
- Página: www.cetesdirecto.com

INVERSION EN LA BOLSA CON PAGOS DE DIVIDENDOS

- Este tipo de acciones requiere entrar a la bolsa de valores, lo cual se necesitan muchos conocimientos y mucha paciencia.
- Son inversiones a largo plazo.
- En resumen, tú haces una inversión en alguna empresa que cotice en la bolsa (compra de acciones), si esta empresa reparte dividendos, cada cierto tiempo se te dará un incentivo que puede ser en forma de dinero.
- Entrar en la bolsa es muy recomendable, se necesita antes amplios conocimientos.
- Existen muchos libros que pueden ayudarte.
- Mi recomendación es que empieces invirtiendo poco a poco. Como dicen no metas todos los huevos en la misma cesta.

CASA DE BOLSA MEXICO
VALORES MEXICANOS

GBM
CASA DE BOLSA BANCOMER
VECTOR
INVEX GRUPO FINANCIERO
KUSPIT
GBMHOMBEBROKER
ACCITRADE
SCOTIATRADE

FRANQUICIAS

- Una franquicia es una relación entre dos partes en donde se paga una licencia para comenzar un negocio de una marca ya consolidada.

- Adquirir una franquicia disminuye en cierta forma los riesgos de comenzar un negocio nuevo.

- Los inconvenientes se presentan por que no eres dueño del negocio, no tienes el control total, tienes que seguir las normas establecidas.

- Igualmente tienes que pagar una renta y algunas comisiones.

ALGUNAS FRANQUICIAS DE BAJO PRECIO

- Rapid wash
- Moviclean carwash
- Dul-C
- Maquina Wifi
- Multirecarga
- Vap Estrellas
- Agua inmaculada
- Barañas
- Carl´s junior
- Dulcería el payaso
- Helados Holanda
- Tortas locas Hipocampo

- Coin city
- Alpha Green solutions
- Snails
- Ahorros domésticos
- Fragancias similares
- Dr. Auto y casa
- Chem-dry
- Star Price
- Delichurros
- Yafah

BANCOS CON BUENA TASA DE RENDIMIENTO

Si tienes un dinero y por el momento no te decides en que invertirlo, te sugiero que lo metas a una cuenta bancaria con buen rendimiento.

- **BANKAOOL:** Rendimiento de 7.45% anual.
- **FORJADORES:** 6.65% anual.
- **VOLKSWAGEN BANK: 5%** anual.
- **BANCO INMOBILIARIO MEXICANO:** 10.69% anual.
- **CONSUBANCO:** 9.65% anual.
- **BANCO SABADELL:** 4% a 8.60% anual.

CONCLUSION

Existen múltiples fuentes de ingreso de las cuales muchas personas no tienen ni idea de que existen, siempre he dicho que la lectura, la preparación y la forma de ver las cosas, de no ser tan cuadrado en la vida, nos dará la oportunidad de encontrar cosas que no sabemos que están presentes incluso frente a nosotros.

Este es un pequeño viaje sobre las múltiples herramientas que puedes utilizar en tu día a día para formar riqueza, recuerda no existen fórmulas mágicas, nada te hará millonario de un día para otro, hasta siendo exitoso en todo lo que haces debes esforzarte todavía aún más.

Espero que esto te sirva, a mí me ha ayudado bastante, no puedo decirte que ocupo todas y cada una de las herramientas que te nombre en esta lista, pero sí puedo decirte que ocupa gran parte de las misma.

Antes de involucrarme en el mundo de las finanzas no tenía ni idea de cómo generar dinero sin dinero, como aumentar mis ingresos, como aumentar los rendimientos de mis cuentas, aunque ahora puedo decir que estoy mejor preparado que antes, aun me falta mucho camino.

Ojalá que esta pequeña guía te ayude a darte cuenta el sin fin de posibilidades que existen y pongamos manos a la obra.